W0062853

Katharina
Schöllmann

Christina Koenig

Sonne, Fisch und Regenbogen

Die Welt der Symbole in Geschichten

Mit Bildern von
Sabine Kranz

gabriel

Inhalt

Ferien ohne Kängurus

Endlich Ferien! Die Sonne strahlt, Maikes Taschengeld wird erhöht und Maike ist mit sich und der Welt zufrieden.

Abends, als Maike gemütlich mit ihren Eltern beim Abendbrot sitzt, verkündet ihr Vater, dass sie in wenigen Tagen zu Anne-Lotte fahren werden. Maikes Tante. Anne-Lotte hat noch ein Baby bekommen und das Baby soll feierlich getauft werden.

„Und nach der Taufe bleiben wir noch ein bisschen bei Anne-Lotte und machen richtig schön Urlaub", fügt Maikes Mutter hinzu.

„Jippihh!", ruft Maike ausgelassen. „Dann kann ich jeden Tag mit Lena und Caspar spielen!"

Leider hält Maikes Freude nicht lange an.

„Eigentlich möchte ich ja lieber dahin fahren, wo die Kängurus wohnen", besinnt sie sich. „Über

Kängurus haben wir neulich in der Schule gesprochen."

„Nächstes Jahr ist auch noch ein Jahr, mein Schatz", antwortet die Mutter und zwinkert Maike versöhnlich zu. „Und übernächstes Jahr und überübernächstes Jahr auch noch."

„Außerdem hüpfen uns die Kängurus schon

nicht weg", sagt der Vater und hüpft wie ein Känguru durch die Küche. „Aber wie wär's mit einem Besuch im Zoo? Im Zoo leben viele Tiere. Und die kannst du alle fotografieren."
Maike ist wieder Feuer und Flamme. Dann kann sie endlich ihren neuen Fotoapparat ausprobieren, den sie zum Geburtstag bekommen hat.

Vier Tage später ist es so weit. Das Auto wird gepackt und ab geht es zu Tante Anne-Lotte, Onkel Frank, Caspar, Lena und Karla.
Karla, die neue Erdenbürgerin, ist total süß. Sie hat winzige Hände und Füße und einen witzigen Nuckelmund.
Lena und Caspar sind total stolz auf ihre kleine Schwester.
„Eigentlich könnte ich auch gut so eine Schwester gebrauchen", sagt Maike nachdenklich mit Blick auf Karla. „Ich muss mal mit meinen Eltern darüber reden."

Häuser für Gott

Maike folgt ihren Eltern durch die großen, wuchtigen Holzportale des alten Doms, in dem Karla heute getauft wird. Innen ist es düster, fast ein bisschen unheimlich, und es dauert ein Weilchen, bis Maike sich an das schummrige Licht gewöhnt hat.

Maikes Eltern wollen sich erst einmal in Ruhe das kunstvolle Gebäude ansehen. Denn bis zur Taufe ist noch viel Zeit.

Neben einer dicken Steinsäule, die wie ein Elefantenbein in den Himmel ragt, bleibt Maike bockig stehen. Ihre Eltern scheinen sie einfach vergessen zu haben. Kaum hatten sie den Dom betreten, vertieften sie sich in ihren Reiseführer und nehmen nun jeden Winkel unter die Lupe. Maike kennt das schon. Die Eltern stehen auf

Kirchen. Je größer und älter sie sind, desto besser. In Griechenland war das auch so und in Polen auch. Warum sollte es ausgerechnet hier anders sein?

Maike lehnt sich mit dem Rücken an das Elefantenbein und schaut nach oben. Da, wo normalerweise der Himmel anfängt, geht das Elefantenbein in einen riesigen Elefantenbauch über.

„Ich bin Maike, die Ameise, Herr Elefant",

stellt Maike sich vor. „Pass ja auf, dass du nicht auf mich drauftrittst, hörst du?"

Der Elefant steht reglos da. Wenn ich den Elefantenbauch berühren will, muss ich glatt auf eine Feuerwehrleiter steigen, überlegt Maike. So weit oben ist er. Ein normaler Mensch kommt da niemals hin. Ob die die Kirche extra so hoch gebaut haben, weil Gott so weit oben wohnt? Zu gerne würde Maike Gott einmal besuchen. Fragen hätte sie genug an ihn. Zum Beispiel, warum sie so schlecht rechnen kann. Oder warum manche Leute dick sind und manche dünn. Aber bei den vielen Gotteshäusern soll mal einer wissen, wo Gott sich gerade aufhält.

„Gott?", flüstert Maike. „Bist du zufällig gerade hier?"

Maike schaut nach rechts und nach links und lauscht. Wenn Gott da ist, könnte er ihr ja ein Zeichen geben. Maike schaut wieder nach oben. Vielleicht sitzt Gott ja auf einer der Deckenlampen und lässt die Beine baumeln. Aber außer den Beinen der Dombesucher, leisem Geflüster, dem Knarren alter Holzbänke und gurrenden Tauben hört und sieht Maike nichts.

„Sag doch mal was, Gott!", fordert Maike und schaut erwartungsvoll nach oben. Langsam wird sie ungeduldig. „Ich denke, du kannst alles. Da kannst du ja auch mal was sagen!"

Die Tauben gurren plötzlich lauter, und von der anderen Seite der Säule glaubt Maike ein leises Wispern zu hören. Wie der Blitz saust sie um die Säule herum. Aber da ist niemand.

„Ich glaube, langsam kapier ich", flüstert Maike Richtung Elefantenbauch, wo sie Gott immer noch vermutet. „Du brauchst keine Worte, damit man dich hören kann. Du sprichst direkt ins Herz. Eigentlich brauchst du auch kein Haus. Weil du gleichzeitig überall wohnst. Das ist auch viel praktischer als ein Haus. Da musst du nicht ständig umziehen."

Wieder scheint da jemand zu wispern. Und wieder ist da niemand, als Maike sich umschaut.

Maike rutscht an der Säule entlang auf den Boden und schließt die Augen.

„Ich bin klein, mein Herz ist rein, soll niemand drin wohnen als Jesus allein", spricht Maike leise vor sich hin. Das Gebet hat sie von ihrer Oma gelernt.

11

Dann hält Maike sich die Ohren zu. Maike möchte nichts sehen und nichts hören. Alles um sie herum soll verschwinden, damit sie besser in sich hineinhorchen kann. Ein Weilchen sitzt Maike so da und spürt, ob sie den Sohn Gottes in ihrem Herzen entdecken kann. Außer einem Rauschen in den Ohren entdeckt Maike jedoch nichts. Und ihr Herz kann das nicht sein. Das sitzt viel tiefer, mitten in ihrer Brust. Auch ihren Atem kann Maike jetzt deutlich fühlen. Und da ist noch etwas ... Zunächst ist Maike nicht sicher. Aber dann merkt sie es ganz deutlich: In der Mitte ihrer Brust, da wo das Herz sitzt, ist es am wärmsten. Als ob da eine kleine Heizung eingebaut wäre.

„Jetzt weiß ich, was du bist, Gott. Du bist eine Herzheizung", flüstert Maike dem Elefantenbauch zu. „Außerdem musst du mich ganz schön lieb haben, wenn du in mir drin wohnst. Und meine Eltern auch, und die Großeltern, die Ameisen und Sterne, und alles, was du sonst noch gemacht hast."

Maike und der Mann am Kreuz

Wer wohl dieses riesige, bunte Glasfenster gemalt hat? So ein großes Fenster hat Maike noch nie gesehen. Hoch wie ein Haus ist es. Maike steht mit großen Augen da und staunt. Ob die Kirchenbauer Gott mit dem schönen Fenster eine Freude machen wollten? Maike malt schließlich auch bunte Bilder, wenn sie jemandem eine Freude machen will.

„Schaust du dir Jesus am Kreuz an?", fragt da eine ruhige Stimme in Maikes Rücken.

Erschrocken dreht Maike sich um. Hinter ihr steht eine weißhaarige, schlanke Dame in einem bunten Hosenanzug.

„Wieso denn Jesus? Der heißt doch Inri! Das steht doch oben drüber!"

„Jesus von Nazaret, König der Juden", antwortet die Frau unbeirrt. „INRI ist nur die Abkürzung."

„Und warum heißt das Kreuz ‚Kreuz'?", fragt Maike die Frau vorsichtig. Mit solchen Fragen bringt sie ihre Eltern immer auf die Palme.

„Wahrscheinlich, weil sich zwei Balken kreuzen", antwortet die Frau, ohne zu zögern.

„Dann ist ein Kreuz eine Kreuzung", überlegt Maike laut. „Wie bei zwei Straßen, nur ohne Ampel."

Die Frau nickt.

„Ist dir schon mal aufgefallen, wohin der aufrecht stehende Balken vom Kreuz zeigt?", fragt die Frau nun Maike.

Maike schaut sich das Kreuz genau an und überlegt.

„Hm. Der eine Balken zeigt nach oben und nach unten, finde ich."

„Also zum Himmel und zur Erde", ergänzt die Frau.

Maike nickt, ohne ihren Blick vom Fenster abzuwenden.

„Und der zweite Balken, mit den ausgestreckten Armen von Jesus, sieht aus, als ob Jesus alle umarmen will."

Die Frau schaut zum Kreuz hoch und schweigt.

„Jesus Christus ist der Sohn Gottes", sagt sie dann leise. „In ihm verbinden sich Himmel und Erde. Ich glaube, du hast Recht, Mädchen. Jesus Christus ist geboren und am Kreuz gestorben, weil er alle Menschen umarmen wollte."
Dann verabschiedet sich die Frau und ist im nächsten Augenblick verschwunden.

„Du bist also der Jesus, der in meinem Herzen wohnt", flüstert Maike Jesus am Kreuz zu. „Besonders gut scheint es dir da ja nicht zu gehen, traurig, wie du aussiehst."
Maike wird selbst ein bisschen traurig darüber. Zum Trost zieht sie eine Tüte Gummibärchen aus ihrer Jackentasche und setzt sich in eine der langen Holzbänke unter dem bunten Fenster. Mit dem Zeigefinger pult Maike ein bisschen in der Tüte herum und entscheidet sich für die roten. Wenn der Inri echt wäre, könnte er glatt ein paar abbekommen.
Maike schielt nach oben und stopft sich sechs Gummibärchen auf einmal in den Mund. Das hat Jesus bestimmt weh getan, dass die Menschen ihn gekreuzigt haben, denkt Maike bei sich.

15

Schließlich hatte Jesus doch alle Menschen lieb.
Sogar die Verbrecher und Mörder.
Maike hatte auch schon mal jemanden lieb, der
ihr weh getan hat. Den Max aus ihrer Klasse.
Maike war sogar verliebt in Max. Mindestens
zehn Briefe hat sie ihm geschrieben und kleine
rote Herzchen darauf gemalt. Leider hat Max
nicht einen einzigen Brief zurückgeschrieben.
Schlimmer noch: Er zeigte Maikes Liebesbriefe in
der ganzen Klasse herum und alle haben sie aus-
gelacht. Total fies war das! Sie so zu verraten!
Das, was Jesus erlebt hat, ist noch viel
schlimmer als die Sache mit Max,
überlegt Maike und stopft sich
das letzte rote Gummibärchen
in den Mund.

Dann rutscht sie über das dunkle Holz der Bank
und legt drei grüne Gummibärchen direkt unter
das Kreuz. Als Geschenk für Jesus. Im Schatten
der Seitenlehne entdeckt sie dabei ein kleines,
buntes Bildchen. Ein lächelnder Jesus schaut
Maike an. Nun muss Maike lachen.
Inri Jesus scheint Gummibärchen zu mögen.

Tisch aus Stein

Maike bewegt ihre Zehen hin und her. Irgendetwas pikt sie die ganze Zeit. Dann streift sie ihren Schuh ab und dreht ihn um. Ein kleiner, spitzer Stein fällt heraus. Unglaublich, dass so ein Winzling einen so ärgern kann! Der Stein war ihr wohl in den Schuh gerutscht, als sie mit Caspar und Lena auf dem Schotterhaufen neben der Straße gespielt hat. Maike fischt den Piksestein vom Boden und klemmt ihn zwischen Daumen und Zeigefinger, um ihn genauer zu betrachten. Wahrscheinlich ist der Stein gar kein richtiger Stein, sondern ein versteinerter Raubtierzahn, kombiniert Maike. Jedenfalls sieht er ganz danach aus.

Maike beschließt den Raubtierzahn in ihre Schatzsammlung aufzunehmen und lässt ihn in

der Hosentasche verschwinden, wo das Steinei bereits auf ihn wartet. Nie wird Maike vergessen, wie sie das Steinei gefunden hat. Letztes Jahr, im Urlaub in Griechenland. Es war ziemlich mieses Wetter damals. Es regnete, der Wind pfiff und Maikes Mama hatte schlechte Laune. Weil die Sonne nicht rauskommen wollte, haben Maike und ihre Eltern die Badehosen gegen Regenjacken ausgetauscht und sind an den Strand gestapft. Maike erinnert sich noch genau an die riesigen Wellenberge, die klackernd und grollend tausende kleine Steine an den Strand spülten. Maike hockte sich hin und hielt ihre Hände den schwappenden Wellen entgegen. Als sie ihre Finger schloss, bekam sie das schimmernde Steinei zu fassen. Zuerst dachte Maike, es sei ein richtiges Ei, weil es so weiß war. Als es jedoch runterfiel und nicht kaputtging, war klar, dass es sich um einen waschechten Stein handelte.

Behutsam wie ein frisch geschlüpftes Küken hält Maike das Steinei in der Hand. Vielleicht schlüpfen aus Steineiern ja neue Steine, wenn ein Steinvogel drauf brütet, stellt Maike sich vor. Das

wäre was! Da landet ihr Blick auf einer der Steinsäulen, die das Mittelschiff des Doms von den
Seitenteilen trennen. Insgesamt zwölf, zählt
Maike. Die Säulen sind aus dicken Steinblöcken
zusammengesetzt und tragen die gewaltige

Decke. Steine halten ewig, das steht fest, denkt Maike. Dicke wie dünne. Dicke Steinsäulen halten natürlich besonders ewig. Auch in tausend Jahren gehen die nicht kaputt. Tausend Jahre, das kommt Maike so lange vor, dass sie glatt müde wird. Nur ein leckeres Eis könnte da jetzt helfen. Aber in Kirchen gibt es kein Eis. Leider.

Maike lässt ihren Eierstein den Gang entlangkullern. Ups, wo will der denn hin? Der Stein trudelt nach links, dreht eine Rechtskurve und verschwindet in einer Nische. Maike spurtet ihm nach. Dann macht sie eine Vollbremsung und reißt die Augen auf. Ihr Stein ist verschwunden! So ein Mist! Wie angenagelt steht Maike da und starrt auf den Altar, der in der Nische steht. Ob der Stein etwa hinter den Altar gerollt ist? Maike nagt an ihrer Unterlippe und weiß nicht, was sie tun soll.

Da bleiben zwei Dombesucher neben Maike stehen.

„Merkwürdiger Altar", sagt eine ziemlich dicke Frau zu einem dünnen Mann und zeigt auf den Altar in der Nische. „Ohne jeden Schnörkel."

Zum Glück gehen die beiden gleich weiter. Maike schaut nach rechts und links, ob die Luft rein ist, und flitzt hinter den Altar. Da ist es noch dunkler als auf dem Gang. Auf allen vieren tastet Maike den Boden ab. Wenn das Steinei knallrot wäre, könnte sie es sofort erkennen! Aber so? Ob es etwa ...

In Zeitlupe nähert sich Maike der düsteren Höhle unter der Altarplatte. Wie gruselig! Dann nimmt sie allen Mut zusammen und taucht hinein. Nur von vorne fällt fahles Licht durch ein weißes Tuch, das bis auf den Boden herabhängt. Maike zieht es ein bisschen zur Seite und späht auf den Gang. Eine Gruppe Dombesucher kommt bedrohlich näher. Das fehlte noch! Was, wenn jemand sie hier unten entdeckt? Maike tastet fieberhaft den Boden ab. In dem Moment, als sie das Steinei erwischt, hält die Reisegruppe genau vor Maikes Nase.

„Dieser Altar wird von den meisten Dombesuchern übersehen, weil er so schlicht ist", erzählt der Reiseführer. „Dabei ist er was ganz Besonderes."

„Wahrscheinlich ist er aus der Steinzeit", meint irgendein Witzbold.

„Dieser Altar ist aus einem einzigen, riesigen Stein gehauen", lüftet der Reiseführer das Geheimnis. „Noch heute rätselt man, woher der Ursprungsstein stammt. Es ist eine Gesteinsart, die auf der Erde bisher nicht angetroffen wurde. Es könnte sich um Überreste eines Meteoriten handeln, der vor Millionen von Jahren auf die Erde geprallt ist. Demnach wäre der Altar direkt vom Himmel gefallen."

Boh, denkt Maike. Super! Ob der Altar in ihrer Kirche zu Hause auch aus so einem Meteriten ist, oder wie das Ding heißt? Auf jeden Fall ist er auch aus Stein. Da ist Maike sicher. Schließlich soll er lange halten und keine Holzwürmer kriegen.

Beim letzten Erntedankfest haben Maike und ihre Mutter einen prächtigen Kürbis auf den Altar ihrer Kirche gelegt. Andere haben Bohnen gebracht und Tomaten und Äpfel und was sonst noch im

Garten wächst. So ist der Altar ein reich gedeckter Tisch geworden, mit allem, was Gott wachsen lässt.

Besonders feierlich findet Maike es immer, wenn Brot und Wein auf dem Altar stehen. Das ist ein bisschen wie damals, als Jesus seine Jünger zu einem ganz besonderen Abendessen eingeladen hat, weiß Maike von ihrer Mutter. Und wenn die Christen sich heute treffen, um an Jesus zu denken, feiern sie das immer noch mit Brot und Wein.

Vom vielen Nachdenken über Obst und Brot hat Maike Hunger bekommen. Aber leider ist der Altar über ihr nicht mit leckeren Sachen gedeckt. Und weil der Reiseführer immer noch erzählt und gar nicht mehr aufhören will, macht Maike es sich unter dem Tisch des Herrn ein bisschen gemütlich.

Karlas Taufe

„Maike? – Maike!"

Das war die Stimme von ihrem Vater. Eindeutig! Maike reibt sich die Augen. Sie muss eingeschlafen sein!

Vorsichtig zieht Maike das weiße Altartuch ein Stückchen beiseite. Die Luft ist rein. Ihre Eltern biegen gerade in den Gang ab, wo sich das Fenster mit dem Kreuz befindet. Jetzt nichts wie weg hier! Vor lauter Aufregung vergisst Maike fast ihr Steinei, wegen dem der ganze Schlamassel ja angefangen hat. Maike lässt es schleunigst in der Hosentasche verschwinden und beeilt sich, ihre Eltern einzuholen.

„Da bist du ja endlich! Wo hast du nur gesteckt?!", sagen Vater und Mutter genervt, als Maike plötzlich vor ihnen steht. „Wir haben uns schon Sorgen gemacht! Wo warst du?"

Maike guckt nach unten und schweigt. Was soll sie auch sagen?

„Es geht doch gleich los, Maike. Die anderen warten bereits auf uns. Klein Karla ist auch schon da."

Die Taufe! Die hatte Maike ja ganz vergessen! Gemeinsam mit ihren Eltern begibt sie sich in die Taufkapelle auf der anderen Seite des Doms. Einen ganz feierlichen Eindruck machen Vater und Mutter plötzlich. Auch der Reiseführer ist längst in Mutters Handtasche verschwunden. Als sie in der Taufkapelle eintreffen, ist die Taufgesellschaft komplett. Die Erwachsenen begrüßen sich leise und Maike staunt nicht schlecht, als sie das prachtvolle weiße Kleid sieht, das Karla anhat. So eins in größer hätte sie auch gerne.

Karla fuchtelt mit ihren Ärmchen in der Luft herum und gluckst zufrieden vor sich hin. Lena und Caspar dagegen turnen ausgelassen in den Bänken herum und scheinen auf Taufe nicht die geringste Lust zu haben.

Maike mag die Taufkapelle. Sie ist ganz anders als der finstere Dom. Klein und gemütlich, und von brennenden Kerzen in ein warmes Licht getaucht. In der Mitte der Kapelle steht ein Gefäß aus Metall mit einem Deckel obendrauf. Wie eine riesengroße Suppenschüssel sieht es aus. Maike tritt neugierig näher. Was da wohl drin ist? Unauffällig geht Maike um das Gefäß herum. Die Erwachsenen sind alle mit sich beschäftigt. Die Gelegenheit ist also günstig, der Sache ein bisschen auf den Grund zu gehen. Maike schiebt den Deckel ein kleines Stückchen beiseite und linst durch den schmalen Spalt, der entsteht. Nichts. Das Gefäß scheint leer zu sein. Millimeter für Millimeter schiebt Maike ihre Hand unter den Deckel. Als ihre Fingerspitzen etwas Kühles, Nasses berühren, zieht Maike sie blitzschnell zurück.

„Was machst du denn da?"
Maike ist ertappt. Neben ihr steht Caspar und grinst.
„Nichts", antwortet Maike.
„Du hast da reingefasst", beharrt Caspar. „Ich hab's genau gesehn. Los, lass mich auch mal."
Caspar ruckelt am Deckel herum, lässt seine

Hand verschwinden und zieht sie pitschnass zurück.

„Wasser", stellt Caspar fest, nachdem er seinen Zeigefinger abgeleckt hat.

„Was, bloß Wasser?", fragt Maike enttäuscht.

Kurze Zeit später bekommt Karla von diesem Wasser etwas über ihr Köpfchen gegossen. Karla scheint das nicht gut zu finden. Jedenfalls brüllt sie wie am Spieß.

„Wieso wird Karla denn gewaschen?", fragt Maike misstrauisch.

„Das ist doch nicht waschen! Das ist taufen!", flüstert Caspar. „Da schickt Gott den Heiligen Geist. Der soll Karla stark machen. Karla ist doch auch ein Kind von Gott und nicht nur von Mama und Papa."

Da mischt sich Lenas piepsige Stimme in das Gespräch: „Hast du noch Bonbons, Caspar?"

Caspar kramt in seinen Hosentaschen und verteilt Bonbons an Lena und Maike. Knisternd entfernen die Mädchen das Papier.

„Psst", macht da jemand in Maikes Rücken und Maike steckt das Bonbon schnell in ihren Mund. „Außerdem hat der Priester Karla doch gewaschen", flüstert Maike Caspar zu. „Sie muss schließlich sauber sein, wenn der Heilige Geist kommt."

Caspar zeigt Maike einen Vogel und damit ist die Sache für ihn erledigt. Maike findet das gemein. Sie muss sich schließlich auch immer waschen, wenn etwas Besonderes ansteht. Wenn Besuch kommt, zum Beispiel, oder wenn sie zu einem Fest eingeladen ist. Meistens muss sie sogar in die Badewanne. Eine Taufe ist schließlich auch ein Fest, findet Maike. Und zwar ein ganz besonderes, wenn sogar der Heilige Geist kommt. Und weil eine Badewanne nicht in die Taufkapelle reinpasst, wird Karla eben nur gewaschen. Ist doch klar.

Maike erinnert sich, wie sie am Vortag mit den Eltern, Caspar und Lena schwimmen war. Im Wald, in einem See. Caspar behauptete tatsächlich, dass in dem See Krokodile schwimmen, und Maike wollte nicht mehr rein. Krokodile sind

schließlich keine Kuscheltiere. Als ihre Eltern nach zwanzig Minuten jedoch immer noch nicht gefressen waren, hat Maike das mit den Krokodilen nicht mehr geglaubt und ist auch ins Wasser gegangen. Der See duftete nach Wald und das Wasser war wunderbar weich. Maike ist immer in der Nähe des Ufers geblieben, da fühlte sie sich sicherer. Am Schluss gab es eine super Wasserschlacht. Tausende Tropfen wirbelten durch die Luft und funkelten im Sonnenschein! Wie ein

Feuerwerk aus Diamanten und Edelsteinen sah das aus.

Auf dem Rückweg sagte Maikes Mutter, sie fühle sich wie neugeboren nach dem wunderbaren Bad. Maike fand das total lustig. Sie stellte sich ihre Mama als Baby vor. Ganz ohne Haare und mit einem Schnuller im Mund. Wie die kleine Karla. Frisch getauft und neugeboren.

Maike stellt sich auf die Zehenspitzen, um zu sehen, was vorne neben dem Taufbecken passiert. Ob der Heilige Geist wohl schon gekommen ist?

„Maike, möchtest du vielleicht Karlas Taufkerze einmal halten?", fragt da der Priester in Maikes Richtung.

„Ich?", fragt Maike verdutzt. Dann sagt sie schnell: „Ja, gerne", und flitzt nach vorne.

Der Priester reicht Maikes Vater die brennende Kerze und der gibt sie weiter an Maike. Es ist eine prachtvolle Kerze mit kleinen Blüten aus Wachs und einer goldenen Taube. Maike hat zu Hause auch eine Taufkerze. Allerdings ohne Taube. Außerdem ist Maikes Kerze viel kürzer als Kar-

las, weil ihre Eltern sie jedes Jahr anzünden. Genau an dem Tag, an dem Maike als Baby getauft worden ist. Aber daran kann Maike sich nicht erinnern.

Maike gibt sich Mühe, Karlas Kerze kerzengerade zu halten, damit sie nicht auf das schöne Taufkleid tropft.

„Warum hat Karlas Kerze denn eine Taube?", flüstert sie ihrem Vater zu.

„Die Taube steht für den Heiligen Geist, der Gottes Liebe zu Karla bringt", antwortet der Vater leise. „Diese Liebe wird Karla nun immer begleiten. Genau wie dich."

Kleines Licht ganz groß

Als die Taufgesellschaft den Dom verlässt, beginnt es wie aus Eimern zu gießen. Der Himmel ist dunkel wie am späten Abend, und in der Ferne grollt Donner.

„Hilfe, der Himmel fällt runter!", rufen die Kinder und ziehen ihre Köpfe ein.

„Taufe Nummer zwei", versucht Caspar einen Witz und hält schützend die Arme über seinen Kopf.

Maike würde am liebsten zurück in den Dom rennen. Der hat dicke, schützende Mauern und Kerzenlicht dazu. Im Dom fühlte sich Maike sicher. Ganz anders als im Unwetter draußen auf der Treppe.

Maike muss an das Bild mit der Arche denken, das bei ihnen zu Hause im Korridor hängt. Es

zeigt Menschen und Tiere, die mit Noah in der Arche waren, als die große Flut kam. Die Arche ist umgeben von dunklen Wolken und Sturm. Aber in der Arche drin sind alle sicher und behütet. Eine Arche ist wie ein Dom, findet Maike. Da kommt so ein Unwetter nicht rein.

Ein greller Blitz zuckt am Himmel und Maike versteckt sich hinter dem Rücken der Mutter.
„Sollen wir nicht lieber in den Dom zurück?", fragt Maike ängstlich. „Da drinnen sind wir doch sicher."
Da pfeift eine Windböe über die Treppe hinweg, packt Anne-Lottes Hut und fegt ihn quer über den Domplatz. Onkel Frank schaut alarmiert in den Himmel und vom Himmel zurück auf den fliegenden Hut. Dann stürzt er mit einem Tarzanschrei die Treppe hinab, um die fliegende Kopfbedeckung einzufangen. Total lustig sieht das aus und alle prusten los.
„Rüber in die Eisdiele mit uns! Auf die andere Seite des Platzes!", ruft Onkel Frank, als er pitschnass, den triefenden Hut in der Hand, zurück auf die Domplatte spurtet.

Maike traut ihren Ohren nicht. Auf die andere Seite des Platzes?! Sie ist doch nicht lebensmüde! Inzwischen haben blau-schwarze Wolkenungeheuer auch noch die letzten Sonnenstrahlen gefressen. Und es kann nicht mehr lange dauern, bis Maike und die anderen dran sind, in ihren finsteren Bäuchen zu verschwinden.

Eben noch hätte Maike einen Luftsprung gemacht, bei der Aussicht auf ein leckeres Eis. Jetzt steht sie da wie angeklebt und starrt auf den düsteren Platz zu ihren Füßen. Wie das Meer auf dem Arche-Bild sieht er aus. Gefährlich und unbezwingbar. Maike spürt, wie Wassertropfen ihren Nacken hinunterkullern. Kühle Wolkenfinger, die sie packen wollen!

„Nein, nein!", schreit Maike und schlägt um sich, damit es gar nicht erst so weit kommt. Da schnappt Maikes Mutter die Hand ihrer Tochter und zieht sie die Treppe hinunter zum Domplatz.

Kurz darauf wird Maike von der gleichen Hand durch die Glastür der Eisdiele geschoben, wo eilig ein paar Tische zusammengestellt werden, damit alle Platz finden. Maike bleibt an der Tür

stehen und starrt nach draußen. Platz und Dom
sind verschwunden. Von einem riesigen Radier-
gummi ausradiert. Maike ist auf das Schlimmste
gefasst. Und da passiert es auch schon. Die ganze
Eisdiele verschwindet im Dunkel.
„Stromausfall!", ruft da der Kellner zum Glück.
Stromausfall, das geht ja noch.
Einen Augenblick später erstrahlt ein Licht in der
Mitte der Eisdiele. Anne-Lotte hat kurz ent-

schlossen Karlas Taufkerze aus der Schatulle befreit und Lena hat sie angezündet. Wie eine Minisonne erhellt sie den Raum. Maike atmet erleichtert auf. Vielleicht wird der Himmel ja auch wieder hell, hofft Maike bei sich. Im nächsten Moment ist sie ganz sicher. Licht ist stärker als Dunkelheit. Schließlich schiebt die Sonne jeden Morgen die Dunkelheit beiseite. Tag für Tag aufs Neue.

Kaum hat Maike den Gedanken zu Ende gedacht, bricht die Sonne durch. Als sei oben am Himmel eine Tür aufgegangen. Ein paar Strahlen landen genau in Maikes Brust. Da, wo eben noch die Angst saß. Das Licht hat Maikes Angst verscheucht.

Im nächsten Augenblick zaubern Wolken und Licht einen leuchtenden Regenbogen an den Himmel. Am liebsten würde Maike an den bunten Streifen hochklettern und auf ihnen herunterrutschen.

Regenbogeneis

Als Maike zu den anderen an den Tisch tritt, nimmt der Kellner gerade die Bestellungen auf.

„Und was möchte die junge Dame?", fragt er, als Maike an der Reihe ist.

„Ein Regenbogeneis, bitte", antwortet Maike.

„Quatsch", sagt Caspar von der andern Seite des Tisches. „Regenbogeneis gibt's doch gar nicht."

„Gibt's nicht?", fragt der Kellner. „Woher weißt du das?"

„Steht nicht auf der Karte", antwortet Caspar schon etwas leiser.

„Gibt's aber trotzdem", antwortet der Kellner und zwinkert Maike zu.

Zehn Minuten später steht ein stattliches Regenbogeneis vor Maikes Nase. Eisbällchen in den Farben des Regenbogens. „Siehst du", trium-

phiert Maike und streckt Caspar die Zunge raus.
„Blödmaike", stänkert Caspar zurück. Und schon
ist der schönste Streit im Gange. Als die Eltern
gerade eingreifen wollen, kommt der Kellner
wieder an den Tisch und bringt ein zweites
Regenbogeneis für Caspar.

„Hab ich nicht bestellt",
brummt Caspar.
„Ist egal", antwortet der
Kellner. „Der Regenbogen
ist ein Zeichen für Freund-
schaft und Regenbogeneis
auch. Eine Farbe allein
macht schließlich keinen Regenbogen, oder?"

Caspar zieht den Kopf ein. Er hätte Lust, etwas
Freches zu sagen, verkneift es sich aber.
„Dann lass es dir mit deiner Freundin mal
schmecken", sagt der Kellner und verschwindet
wieder hinter der Eistheke.
„Maike ist nicht meine Freundin", brummelt
Caspar und stochert in seinem Eis herum.
„Außerdem mag ich kein Erdbeer."
Maike horcht auf.

„Und ich kein Pistazie. Wir können doch tauschen, Caspar. Ich krieg dein Erdbeer und du mein Pistazie."

Bällchen für Bällchen verschwinden die Regenbögen nun in den Bäuchen der Kinder. Und sie scheinen tatsächlich zu wirken. Denn als die Eisschalen leer sind, haben Maike und Caspar ihren Streit längst vergessen.

Sonne, Mond und Sterne

Heute Abend wollen Maike, Caspar und Lena draußen schlafen, im Zelt.

„Was meinst du?", flüstert Caspar Maike zu. „Ob wir Lena echt mitmachen lassen sollen? Hinterher kriegt sie noch Schiss und macht Theater."

„Wenn Lena nicht mitmachen darf, macht sie erst recht Theater", gibt Maike zu bedenken.

Eine halbe Stunde später durchstreifen alle drei gemeinsam den Garten, auf der Suche nach einem guten Platz für das Zelt.

„Aber wehe, du nervst", warnt Caspar seine kleine Schwester. „Dann kannst du das Zelten vergessen."

Die Kinder beschließen das Zelt unter dem knorrigen Birnbaum aufzustellen.

„Der Platz ist wirklich gut", stellt Maike zufrieden

fest, als sie das zusammengelegte Zelt über den Rasen schleifen. „Am besten, ich hol jetzt meinen Papa. Der kann supergut Zelte aufbauen."

Als es dunkel wird, machen es sich die Kinder in ihren Schlafsäcken gemütlich. Vorne, am Eingang vom Zelt, liegt Lena, in der Mitte Maike und ganz hinten Caspar. Maike liegt mucksmäuschenstill auf dem Rücken und lauscht in die Nacht. Ein merkwürdiges Rascheln und Gluckern ist da zu hören. Und dann knackt und knirscht es, als ob Tiere ums Zelt herumschleichen. Maike zieht ihren Schlafsack bis unter die Nasenspitze und schaut rüber zu Lena. Lena scheint schon zu schlafen. Das hört Maike an ihrem ruhigen Atem. Aber vielleicht ist Caspar ja noch wach?
„Caspar?", fragt Maike leise in die Dunkelheit. Aber Caspar reagiert nicht.

Irgendwann später schläft Maike auch. Bis zu dem Moment, als Caspar sie unsanft am Arm rüttelt.
„Psst, Maike. Ich glaube, da draußen ist jemand."

Maike hält die Luft an. Außer dem Rauschen des Windes hört sie jedoch nichts. Da prallt etwas dumpf gegen die Zeltwand.

„Hast du das gehört? Da ist es wieder!", wispert Caspar mit ängstlicher Stimme.

Vor Schreck bringt Maike kein Wort heraus. Sie müssen Lena warnen! Aber neben ihr ist keine Lena mehr.

„Lena ist weg!", ruft Maike entsetzt.

Caspar befreit sich aus seinem Schlafsack und stolpert aus dem Zelt.

„Hell ist es hier nicht gerade", flüstert er Maike zu, die hinter ihm ins Freie krabbelt.

Hand in Hand streifen die beiden ums Zelt herum. Da zeichnen sich im Halbdunkel der Nacht die Umrisse eines Menschen ab.

„Los runter! Da vorne ist jemand!", warnt Caspar und schnellt in die Hocke. Mit gebeugten Rücken schleichen die Kinder weiter. Ganz langsam. Schritt für Schritt. Plötzlich stehen sie vor Lena. Sie sitzt auf einem umgedrehten Eimer und schaut in den Himmel.

„Was machst du denn hier?!", poltert Caspar los.

„Ich guck mir den Mond an und die Sterne", antwortet Lena seelenruhig.

„Mitten in der Nacht? Spinnst du?", schimpft Caspar und baut sich vor Lena auf.

„Am Tag kann ich die ja wohl nicht sehen", hält Lena dagegen. „Oder hast du am Tag schon mal Sterne gesehen?"

Das hat Caspar allerdings nicht.

Maike hockt sich neben Lena ins Gras und schaut auch nach oben.

„Der Mond ist der Hellste von allen. Siehst du das, Lena? Ein richtiger Angeber ist das. Der leuchtet nämlich nur, weil die Sonne ihn anstrahlt. Ohne Sonne wäre er dunkel."

„Wirklich?", fragt Lena. „Die Sterne auch?"

„Nein, die Sterne nicht. Die sind selber Sonnen."

„Und der helle Stern da hinten?", fragt Lena und zeigt schräg nach oben. „Was ist das für einer?"

„Das ist, glaube ich, der Morgenstern", meldet Caspar sich zu Wort. „Papa hat gesagt, der Morgenstern ist wie Jesus. Jesus hat den Menschen auch den richtigen Weg gezeigt. Genau wie früher die Sterne. Aber heute gibt es Radar und so."

„Du hast die Heiligen Drei Könige vergessen", sagt Lena und rückt ihren Eimer ein Stück vor, als käme sie so dem Himmel näher. „Die sind dem Stern von Betlehem gefolgt und genau in Betlehem rausgekommen. Wenn man in die Richtung von den anderen Sternen läuft, kommt man anderswo raus. In Afrika oder bei Tante Betty, in England."

„Und welcher Stern führt zu den Kängurus?", fragt Maike. „Da würde ich gerne mal hin."
Lena guckt nach rechts und nach links und entscheidet sich für einen Stern über dem Birnbaum.
„Der führt zu den Kängurus?", fragt Maike verträumt. Ihre Fantasie macht sich gleich auf die Reise: Zuerst durchquert Maike den kleinen Wald hinter der Siedlung. Als sie am Leinbach ankommt, zieht sie ihre Strümpfe aus und watet mutig hindurch. Der Leinbach ist viel größer als sonst und am anderen Ufer guckt ein mächtiges Gebirge heraus, mit Gipfeln aus Schnee und Eis. Jetzt ist Maike doch ein bisschen ratlos. Wie soll sie da nur rüberkommen? Aber Maike hat Glück. Denn aus der Ferne schwebt ein Heißluftballon herbei und nimmt Maike mit. Höher und höher steigt der Ballon. Vorbei an weißen Wattewolken, immer weiter himmelwärts, Richtung Sonne, Mond und Sterne. Seen und Berge werden winzig klein und was es sonst noch auf der Erde gibt. Aber der Känguru-Stern ist immer noch weit entfernt. Und von Kängurus nicht die geringste Spur.

„Der Weg zu den Kängurus ist ja so weit wie zu den Sternen!", beschwert sich Maike und bricht ihre Reise kurzerhand ab.

„Fängst du jetzt an zu spinnen?", fragt Caspar und wedelt mit der Hand vor seinem Gesicht herum. „Mir reicht's jedenfalls. Ich geh jetzt ins Bett."

„Ins Bett?", fragt Lena. „Du meinst wohl ins Zelt?"

„Ich hab keine Lust mehr auf Zelt", gesteht Caspar. „Andauernd rumst es. Wie in der Geisterbahn kommt man sich vor. Da soll einer schlafen."

Lena schaut ihrem Bruder nach, wie er im Dunkel verschwindet. Richtung Haus, da wo sein Bett steht. Das findet er auch ohne Stern.

„Caspar hat Schiss vor Birnen. Lustig, was?", flüstert Lena und kichert, als die Mädchen wieder unter dem Zeltdach liegen.

„Wieso, Birnen?", fragt Maike und stützt sich neugierig auf ihre Ellenbogen.

Im selben Augenblick plumpst etwas von außen gegen die Zeltwand.

Die Mädchen prusten los. Waschechte Birnengeister geistern da herum.

„Das nächste Mal stellen wir unser Zelt unter einen Pflaumenbaum", schlägt Maike vor. „Mal sehn, wie Pflaumengeister klingen."

Der Weg ist weg!

Eine ganze Woche sind Maike und ihre Eltern nun schon bei Lena und Caspar zu Besuch. Mittlerweile kennt sich Maike ziemlich gut in der Gegend aus.

„Sollen wir heute eine Fahrrad-Wettfahrt machen?", fragt Maike beim Frühstück und wischt sich einen Rest Marmelade aus dem Mundwinkel.

Caspar ist sofort begeistert und wartet gespannt, was Maike sich ausgedacht hat.

„Also, der Start ist direkt vor eurem Haus. An der alten Eiche, hinten in der Kurve, fahren wir in den Feldweg rein. Dann immer weiter geradeaus, um das Wäldchen herum bis zum neuen Radweg. Da wieder rechts und dann ist es nicht mehr weit nach Hause. Ist doch 'ne gute Strecke, oder?"

„Aber ihr seid größer als ich", beschwert sich Lena. „Ihr könnt viel schneller fahren. Das ist ungerecht."

„Okay", lenkt Maike ein. „Wir geben dir einen Vorsprung."

„Und als Preis gibt es Quarkbällchen im Kuchenladen", schlägt Caspar eifrig vor. „Der Erste kriegt ein Bällchen, der Zweite zwei und der Dritte drei."

Einige Minuten später stehen drei Fahrräder vor dem Haus. Caspar pumpt noch etwas Luft in die Reifen und macht die Fahrräder startklar.

„Von mir aus kann's losgehen", sagt er, als er fertig ist. „Hast du den Weg richtig kapiert, Lena?"

Lena nickt und steigt mit ernster Miene auf den Sattel ihres knallroten Fahrrads. Caspar bringt seine Stoppuhr in Position und hält sie neben Lena in die Luft.

„Auf die Plätze, fertig, los! Die Uhr läuft!"

Lenas Start ist nicht gerade grandios. Sie eiert ein ganzes Weilchen herum, bis sie endlich in Fahrt kommt. Genau nach vier Minuten Vorsprung

schwingen Caspar und Lena sich auf ihre Räder und sausen los. Maike tritt in die Pedale, so schnell sie kann. Zum Glück ist die Straße gerade repariert worden und hat keine Schlaglöcher mehr. Kein einziges Hindernis stellt sich ihr in den Weg. Los, Maike!, feuert Maike sich selber an. Schneller, Maike! Schneller! Aber schon nach wenigen Minuten übernimmt Caspar die Führung.

Plötzlich taucht unerwartet der Feldweg auf. An den hatte Maike gar nicht mehr gedacht! In voller Fahrt reißt sie das Lenkrad herum. Der hintere Reifen stellt sich quer, die Lenkung versagt und – rums – landet Maike samt Fahrrad im Kornfeld.

Als der erste Schreck vorbei ist, rappelt Maike sich auf. Eindeutig. Sie lebt noch. Ein Blick auf Arme und Beine zeigt: Alles noch dran. Von einer Schramme am Arm einmal abgesehen, ist nichts passiert. Maike ist die Lust auf eine Wettfahrt schlagartig vergangen. Wie sie nur auf so eine doofe Idee kommen konnte? Trödeln ist doch viel gemütlicher! Da kann man zwischendurch noch ein paar Blumen pflücken und

Sauerampfer essen. Aber jammern hilft jetzt auch nicht. Jetzt muss Maike die Suppe auslöffeln, die sie sich eingebrockt hat. Jetzt hilft nur Zähne zusammenbeißen und weiter. Auch wenn keine Hoffnung mehr besteht, die Wettfahrt noch zu gewinnen. Denn Caspar und Lena sind längst über alle Berge.

Maike ignoriert den blutenden Kratzer und steigt tapfer wieder auf ihren Drahtesel. Nun wird sie besser auf den Weg achten! Auf einen zweiten Sturz kann sie nämlich gut verzichten. Zu allem Überfluss beginnt auch noch die reinste Holperstrecke. Traktoren und Mähdrescher haben tiefe Furchen in das Erdreich gegraben, aber Maike kämpft tapfer dagegen an. An einer besonders sandigen Stelle hilft jedoch nichts mehr. Maike muss absteigen und schieben. Ein Schneckenrennen könnte kaum lahmer sein. Maikes Laune sinkt auf den Gefrierpunkt.

Als Maike endlich das Wäldchen erreicht, fühlen sich ihre Beine an wie Pudding. Total kraftlos. Da entdeckt Maike einen schmalen Trampelpfad. Er

führt zwischen ein paar Himbeersträuchern geradewegs in den Wald hinein.

„Eine Abkürzung!", jubelt Maike. „So ein Glück!"

Wenn sie die fährt, kann sie die verlorene Zeit vielleicht noch aufholen! Kurz entschlossen weicht Maike vom vereinbarten Weg ab.

Der Pfad hat es in sich! Er scheint für Zwerge gemacht zu sein, so schmal ist er. Maike bleibt ständig an Sträuchern und Dornen hängen. Und dann erst die Baumwurzeln, die andauernd in den Weg wachsen. Der reinste Dschungel ist das! Wenn wenigstens jemand da wäre, den Maike nach dem Weg fragen könnte. Ein ganz normales Straßenschild würde auch schon reichen. Aber Maike ist ganz allein.

Als der Pfad schließlich zwischen dichten Mooshügeln ganz verschwindet, heult Maike los. Heute geht aber auch alles in die Hose!

Maike hat keine andere Wahl, als umzudrehen und zum Feldweg zurückzufahren. Da knackt es und ein Reh tritt aus dem dichten Unterholz.

Wenige Meter von ihr entfernt. Das Reh knabbert an einem Himbeerstrauch, geht ein paar Schritte weiter und setzt seine Mahlzeit fort.
Da fällt bei Maike der Groschen. Von wegen Abkürzung! Sie ist auf einen Tierpfad reingefallen! Ist doch klar, dass ein Tierpfad nichts für Menschen ist! Und für Menschen mit Fahrrad schon gar nicht.

Maike ist heilfroh, als sie endlich wieder den Feldweg erreicht. Jetzt kann nichts mehr schief gehen. Ist doch egal, wie schnell sie ist. Hauptsache, sie kommt an.

Als Maike schließlich vor dem Kuchenladen eintrifft, laufen Caspar und Lena ihr winkend entgegen.

„Mann, endlich!!", ruft Caspar. „Wo hast du bloß gesteckt? Bin ich froh, dass du endlich da bist!"

„Ich auch!", kräht Lena.

„Und ich erst", sagt Maike, als sie atemlos von ihrem Fahrrad steigt. „Wer war Erster?"

„Ich", sagt Caspar bescheiden. „Fünfzehn Minuten, acht Sekunden. Lena war aber auch nicht schlecht. Einundzwanzig Minuten, zehn Sekunden. Und du hast ganze vierunddreißig Minuten und drei Sekunden gebraucht", stellt er mit prüfendem Blick auf die Stoppuhr fest. „Hast du noch Pilze gesammelt, oder was?"

„So ungefähr", antwortet Maike verlegen und zieht eine Schnute. „Aber jetzt will ich Quarkbällchen. Ich hab Hunger."

Als ob die Bäckerin Gedanken lesen könnte, kommt sie mit einem Pappteller voller Quarkbällchen aus dem Laden.

„Du hast dich verfahren, was?", begrüßt sie Maike mit einem Augenzwinkern.

Maike nickt und schiebt ihr Fahrrad in den Fahrradständer vorm Schaufenster.

„Ist doch wurscht!", sagt die Bäckerin. „Hauptsache, du bist da. Ob schnell oder langsam, was soll's? Manchmal sind es gerade die Umwege, die besonders spannend sind. Hauptsache, man gibt nicht auf, wenn es mal nicht weitergeht."

Maike versteht sofort, was die Bäckerin meint. Der Tierweg war auch so ein Umweg. Der Radweg war ganz anders. Da ging es wie geschmiert. Schnell wie der Wind ist Maike da gefahren.

„Ich bekomme drei Quarkbällchen, Lena zwei und Maike eins", eröffnet Caspar endlich die Preisverleihung.

„Das stimmt nicht!", protestiert Lena. „Du kriegst nur ein Bällchen!"

„Ich war ja wohl Erster", verteidigt Caspar sein Recht als Sieger. „Ich krieg ja wohl die meisten."

„Klaro", stimmt Maike zu. „Was denn sonst?"
Lena lässt sich nicht abwimmeln. Kampfeslustig baut sie sich vor Caspar auf. „Du hast gesagt, der Erste kriegt ein Bällchen, der Zweite zwei und der Dritte drei. Ich hab es mir genau gemerkt. Deshalb kriegt Maike drei, ich zwei und du eins."
Caspar steht da wie ein begossener Pudel und denkt nach.
„Mann, bin ich vielleicht ein Trottel", gibt er dann klein bei. „Da hab ich mich total vertan."

Maike freut sich über den unverhofften ersten Preis. Drei dicke Quarkbällchen kann sie nach der anstrengenden Fahrt auch gut gebrauchen. Nie hätte sie gedacht, dass man als Letzte sogar gewinnen kann.

Hundert Schafe
und ein Hirte

Maike, Caspar und Lena sitzen gemütlich auf der Bank vor dem Kuchenladen und tippen die letzten Krümel ihrer Quarkbällchen auf, als die Bäckerin ans Fenster klopft. Die Kinder sehen sich erstaunt an und traben in den Verkaufsraum. Vielleicht haben sie ja was liegen lassen.

Mit geheimnisvollem Gesicht führt die Bäckerin die Kinder durch die Backstube und von dort in den Garten. Lena kapiert als Erste, was los ist.
„Boh, sind das viele!", ruft sie mit Blick auf die Schafherde hinten auf der Dorfwiese.
„Lebendige Rasenmäher", kommentiert die Bäckerin. „Wird auch Zeit, dass die Wiese mal wieder gemäht wird."
Über die Rasenmäher muss Maike lachen. Schafe als Rasenmäher!

„Die waren echt lange nicht mehr da", stellt Caspar fest, als er schnaufend über den Gartenzaun klettert. „Los, wir laufen hin und zählen."

„Entschuldigung", sagt da ein junger Mann, der zwischen den Obstbäumen hervorkommt. „Habt ihr vielleicht ein kleines Schaf gesehen? So ein braunes mit schwarzen Ohren? Ist mir abgehauen und muss sich hier irgendwo versteckt haben."

Die Kinder nehmen sofort die Suche auf. Sie schauen hinter große Büsche und kleine Sträucher und nehmen sogar den wackligen Holzschuppen unter die Lupe, hinten im Garten. Lena will besonders schlau sein und setzt abgerupftes Gras als Lockmittel ein.

„Komm, Schäfchen", ruft sie immer wieder. „Komm her, lecker, lecker ..."

Aber das Schäfchen mit den schwarzen Ohren hat wohl keinen Hunger und bleibt verschwunden.

„Hoffentlich ist es nicht in die alte Klärgrube gefallen", sagt Caspar zum Schafhirten. „Da hab ich schon mal eine Katze gerettet."

Der Schäfer wird hellhörig und macht sich sofort mit den Kindern auf den Weg.

„Hauen die anderen Schafe nicht auch ab, wenn du von ihnen weggehst?", will Maike wissen. Sie kann kaum mit dem Schäfer Schritt halten.

„Nein, nein. Keine Sorge. Mein Schäferhund Tasso passt schon auf."

Maike weiß nicht so recht, ob das stimmt. Schließlich ist dem Tasso ja schon eins durch die Lappen gegangen.

„Gehst du jeden Tag mit den Schafen spazieren?", fragt Maike weiter. Der Schäfer grinst.

„Spazieren gehen ist nicht ganz der richtige Ausdruck. Ich ziehe mit meinen Tieren von einer Weidefläche zur nächsten. Dahin, wo es gutes Futter gibt."

„Merken Sie denn immer, wenn ein Schaf fehlt?", fragt Caspar. „Oder müssen Sie erst nachzählen?"

„Ich kenne alle meine Tiere genau", antwortet der Schäfer. „Da fällt schon auf, wenn eins fehlt. Dann wird gesucht, bis ich es wiederhabe."

An der Klärgrube schreitet der Hirte mit großen Schritten den Zaun ab, der das Gelände umgibt.

„Hier ist der Ausreißer bestimmt nicht", stellt er fest. „Der Zaun ist nagelneu. Nicht mal 'ne Katze passt da durch."

Lena lässt enttäuscht ihr Grasbüschel fallen. Sie hatte sich schon so auf eine spannende Rettungsaktion gefreut.

„Ich besuch mal Leo", informiert sie die anderen und rennt auf einen Bauernhof zu, der neben dem Klärgelände liegt.

Leo ist der Hund von Lenas Freundin, die auf dem Bauernhof wohnt. Leos Hundehütte steht direkt am Zaun, hinten im Garten.

„Hallo, Leo!", ruft Lena. „Ich bin's. Komm mal her, Leo!"

Leo liegt faul vor seiner Hütte und verzieht keine Miene. Normalerweise kommt er sofort angerannt.

„Bist du etwa krank, Leo?", fragt Lena besorgt.

Als Antwort wendet Leo den Kopf ab.

„Wenn du nicht willst, dann eben nicht", sagt Lena und dreht sich beleidigt um. Da hört sie ein leises „mähä-mähä". Das war doch nicht Leo! Ob Leo in seiner Hütte etwa ...

„Hast du das Schäfchen mit den schwarzen Ohren versteckt?", fragt Lena streng.

Leo legt den Kopf schräg und schaut dermaßen harmlos aus der Wäsche, dass Lena noch misstrauischer wird. Wer so guckt, hat bestimmt was zu verbergen!

„Es ist hier!", ruft Lena quer über die Wiese.

„Und wo ist jetzt bitte schön ein Schaf?", fragt Caspar atemlos, als er mit den anderen angerannt kommt. „Das einzige Schaf scheinst du hier zu sein."

Da lugt ein braunes Köpfchen aus der Hundehütte und leckt Leo quer über die Nase. Alle sind heilfroh, dass sie das Schäfchen noch gefunden haben. Bis auf Leo. Der hätte das niedliche Wollknäuel lieber in seiner Hütte behalten.

Auge mit Herz

Heute wollen Maike und ihre Eltern in den Zoo. „Das kann ja ewig dauern", mault Maike, als sie die lange Schlange vor dem Eingang sieht. Dabei hat sie sich so auf die Löwen gefreut!

Damit ihr nicht langweilig wird, schaut Maike sich den Postkartenständer vor dem Kassenhäuschen an. Rosa Flamingos gibt es da, Affen mit roten Hintern, Papageien, Seelöwen und noch andere Tiere, die Maike nicht kennt.

Als Maike sich wieder zu den Eltern in die Schlange einreihen will, prallt sie mit einem Mädchen zusammen.

„Autsch! Hast du keine Augen im Kopf?", schimpft Maike los und hält sich die schmerzende Nase. Sie ist eh schon ein bisschen sauer, weil sie ihren Fotoapparat vergessen hat.

Im nächsten Augenblick wird Maike klar, dass das Mädchen blind ist. Seine Augen irren so ziellos umher und in einer Hand hält es einen Blindenstock.

„Oh, entschuldige bitte", sagt Maike schnell. „Ich wusste ja nicht, dass du blind bist."

„Ist schon okay", antwortet das Mädchen. „War meine Schuld. Ich hätte ja aufpassen können."

„Willst du auch in den Zoo?", fragt Maike.

„Was denkst denn du?", antwortet das Mädchen. „Normalerweise gehe ich immer einfach durch. Ich habe eine Dauerkarte. Aber bei dem Gedrängel hier soll sich mal einer zurechtfinden. Wenn du willst, kann ich dir den Zoo zeigen. Ich kenn mich gut hier aus."

Maike ist sprachlos.

„Jetzt bist du baff, was?", fragt das Mädchen und grinst, als könne es Gedanken lesen.

Maike nickt und sagt dann ganz schnell: „Ja."

Das Nicken kann das Mädchen ja nicht sehen.

Als die Eltern endlich die Eintrittskarten haben, übernimmt Cindy, so heißt das blinde Mädchen, die Führung.

Maike will als Erstes zu den Löwen.

Ohne zu zögern, leitet das Mädchen Maike und ihre Eltern kreuz und quer durch den Zoo zum Raubtierhaus.

„Schade, die Fütterung war wohl schon", sagt Cindy enttäuscht, als sie das Raubtierhaus betreten.

„Woher weißt du das?", fragt Maike verblüfft.

„Ich rieche das rohe Fleisch in der Luft und die Tiere machen einen so schläfrigen Eindruck", erklärt Cindy. „Wie nach der Fütterung eben. Wenn sie Hunger haben, sind sie unruhig und streiten mehr."

Auch im Affenhaus staunen Maike und ihre Eltern nicht schlecht.

„Komm mal her, Theobald", lockt Cindy eines der Affenkinder, das wie ein Zirkusakrobat an einem Seil herumturnt. „Komm ... komm ..." Dabei schaut Cindy genau in die Richtung des Äffchens, als ob sie sehen könnte. „Na komm schon, Theobald", drängelt Cindy, als das Äffchen unentschlossen mit den Armen schlenkert und etwas in Affensprache sagt. Das wirkt. In wenigen Sätzen saust Theobald an die Glasscheibe und bleibt genau vor Cindy stehen.

Maike traut ihren Augen und Ohren nicht. Ob Blinde etwa die Tiersprache verstehen? Maike schließt die Augen.
„Ich mach mal eine Stunde die Augen zu", verkündet sie ihren Eltern und Cindy. „Ich will mal was ausprobieren."
„Wieso denn das?", fragt Maikes Vater. „Dann kannst du ja die Tiere nicht mehr sehen."
„Will ich auch nicht", antwortet Maike.
Alle Augen richten sich fragend auf Maike. Aber Maike sieht das ja nicht.
„Wo willst du denn jetzt hin, Maike?", fragt Cindy.
„Keine Ahnung", antwortet Maike und lässt eisern die Augen zu.
„Gibt's hier einen Spielplatz?"
„Gibt's", bestätigt Cindy. „Kommt mit."
Einen Augenblick später wird Maikes Hand von einer anderen gepackt. Maike zuckt zusammen.

„Wer bist du?", fragt Maike misstrauisch und fühlt, wie kräftige Finger die ihren umschließen. „Papa?"

„Ja, Papa", antwortet Maikes Vater gereizt. „Du immer mit deinen Extrawürsten."

Dann zieht er Maike resolut hinter sich her. Bei jedem Schritt hat Maike Angst, irgendwo gegenzulaufen, oder in ein Loch zu fallen. Nur widerwillig setzt sie einen Fuß vor den anderen.

„Komm, mach die Augen wieder auf. Das nervt", schimpft Maikes Vater. „Cindy und Mutti sind schon über alle Berge."

„Kommen auch noch Berge?", fragt Maike entsetzt. „Das ist gefährlich, wenn man blind ist."

Nach einiger Zeit haben sich Maikes Füße daran gewöhnt, zu gehen, ohne zu sehen. Die befürchteten Löcher bleiben aus und Maike fühlt sich schon sicherer. Nach weiteren fünf Minuten erkennt Maike an den Geräuschen, ob sich Menschen nähern. Und ob es einer ist oder viele. Nach drei-, viermal abbiegen hört Maike Kinderstimmen. Das muss der Spielplatz sein! Mit jedem Schritt werden die Stimmen lauter.

Schließlich kann Maike sogar das eine oder andere Kind heraushören.

„Cindy, bist du hier?", ruft Maike, als sie weichen Sand unter den Füßen spürt.

„Ja!", antwortet Cindy von irgendwoher.

„Wo bist du denn?" Maike dreht sich lauschend um die eigene Achse.

„Hier", antwortet Cindy. „Auf der Schaukel."

Maike hat keine Lust, mit einer Schaukel zusammenzuknallen, und macht die Augen wieder auf.

„Ich bin jetzt hier", sagt Maike, als sie sich neben Cindy in die freie Schaukel setzt. Obwohl Cindy das bestimmt längst gemerkt hat. „Jetzt weiß ich, wie blind sein ist."

„Weißt du nicht", antwortet Cindy und nimmt Schwung. „Du hast so getan, als ob du blind bist. Aber richtig blind sein, ist anders."

„Schlimmer oder besser?", will Maike wissen.

„Mal schlimmer, mal besser. Los, komm. Wir machen, wer am höchsten kommt."

„Sonne fühlt sich total schön an", schwärmt Cindy und hält ihr Gesicht der Sonne entgegen. Mittlerweile findet Maike es gar nicht mehr so schlimm, dass Cindy nicht sehen kann. Fühlen geht schließlich auch ohne Augen.

„Weißt du was, Cindy? Meine Oma sagt immer: Man sieht nur mit dem Herzen gut. Ich glaube, jetzt weiß ich, was sie damit meint."

Cindy zuckt mit den Schultern und nimmt noch mehr Schwung. Höher und höher schaukeln die Mädchen, als wollten sie mit den Beinen den Himmel berühren.

Fisch auf Rädern

Als Maike nach dem Abendbrot mit Lena ins Kinderzimmer stürmt, zieht Caspar gerade einen Karton unter seinem Bett hervor.

„Willst du mal meine Aufkleber-Sammlung sehen?", fragt Caspar Maike. „Ich habe schon dreiundvierzig." Er schiebt die Aufkleber zu einem Stapel zusammen und reicht sie Maike. „Die Doppelten hab ich gestern mit Philipp aus meiner Klasse getauscht."

Maike legt die Aufkleber nebeneinander auf den Fußboden. Ein Baum ist dabei, ein Mund mit einer rausgestreckten Zunge, ein Smily in Gelb, ein durchgestrichenes Flugzeug, ein Dinosaurier, ein Fisch und noch viele andere.

„Den mit der Zunge find ich super. Und den hier kenn ich auch", sagt Maike und zeigt auf den Fisch. „Den haben manche hinten am Auto."

„Die haben wahrscheinlich ein Aquarium zu Hause", vermutet Caspar.

„Nee, die tauchen", rät Maike.

„Leute, die tauchen, haben einen Taucher drauf", erklärt Caspar.

Als Beweis reicht er Maike einen Aufkleber mit einem schwarzen Taucher. „Leute, die die Insel Sylt toll finden, kleben sich Sylt ans Auto."

Caspar reicht Maike einen Aufkleber mit einem zipfeligen braunen Fleck. Schön findet Maike den nicht gerade. Aber den Fisch, den findet sie wirklich gut.

„Vielleicht essen die Leute mit dem Fisch ja kein Fleisch", hat Maike eine andere Idee. „So was gibt's."

Lena, die gerade ihrer Puppe einen Schlafanzug anzieht, ist noch anderer Meinung: „Die mit dem Fisch haben das Sternzeichen Fisch, wie ich. Und an dem Fisch erkennt man sie."

„Das Sternzeichen hat aber zwei Fische", wendet Caspar ein. „Und hier ist nur einer drauf."

Es geht noch ein bisschen hin und her, aber so richtig Bescheid weiß keiner. Vielleicht wissen ihre Eltern ja mehr.

„Was bedeutet der Fisch-
aufkleber hier?", platzt
Caspar los, als er mit
Maike ins Wohnzimmer
kommt. Er hält den Auf-
kleber hoch, damit alle

ihn sehen können. Die Erwachsenen sind mit
Kartenspielen beschäftigt und wollen nicht
gestört werden.

„Der Fisch ist ein Erkennungszeichen der Christen", antwortet Caspars Vater deshalb nur knapp.

„Aha", sagen Maike und Caspar.

„Und was haben Christen mit Fisch zu tun?",
bohrt Caspar weiter. „Essen die den so gerne?"

„Nicht unbedingt", ergreift nun Caspars Mutter
das Wort und legt ihre Karten auf den Tisch.
„Obwohl, wenn ich's recht bedenke, haben die
ersten Christen bestimmt gerne Fisch gegessen.
Fisch war damals ein wichtiges Nahrungsmittel."

„Außerdem heißt Fisch auf Griechisch Ichthys",
erklärt Caspars Vater. „Und da liegt das große
Geheimnis. Wenn man nämlich die Buchstaben
von Ichthys nimmt, hat man die Anfangsbuch-
staben von ‚Jesus Christus, Sohn Gottes, Hei-

land'. Das Ganze natürlich auf Griechisch. Pfiffig, was? Darum haben die Christen den Fisch als ihr Zeichen gewählt. Alles Mögliche haben sie damals mit Fischen verziert: Wandbilder, Schmuck, Glas."

„Außerdem waren die ersten Jünger von Jesus Fischer, wenn ich mich nicht irre", ergänzt Tante Anne-Lotte. „Christus wurde ja auch Menschen-fischer genannt, weil er die Menschen um sich sammelte wie einen Schwarm Fische."

Maike und Caspar staunen, was so ein einfaches Fischzeichen alles bedeuten kann. Caspar dreht den Aufkleber vor seiner Nase hin und her, als habe er irgendetwas übersehen. Aber er hat nichts übersehen. Da ist wirklich nur ein Fisch.

Ein Baum für Karla

„Los, Leute, aufstehen!"

Caspar hüpft mit halb angezogener Hose im Zimmer herum und versucht seinen Pullover überzustreifen.

„Warum brüllst du so, Caspar?"

Maike reibt sich verschlafen die Augen und wirft ihre Bettdecke beiseite.

„Beeilt euch! Sie sind schon im Garten und bereiten alles vor!"

Maike lässt ihre Beine auf den Boden gleiten und tapst schlaftrunken zum Fenster. Unten, auf dem Rasen, tummeln sich zwei geschäftige Väter. Der eine hat eine Schaufel über der Schulter, der andere einen Wasserschlauch.

„Suchen die einen Schatz, oder was?", fragt Maike und klopft gegen die Scheibe. Aber die Männer reagieren nicht.

73

„Quatsch, Schatz", antwortet Caspar. „Wir wollen doch heute Karlas Baum pflanzen. Hast du das ganz vergessen?"

„Ich will da mithelfen!", ruft Lena, schlüpft aus ihrem Bett und rennt aus dem Zimmer.

Als Caspar und Maike kurze Zeit später in den Garten kommen, hopst Lena in ihrem Nachthemd um einen Baum herum, der neben dem Sandkasten wächst. Der Baum ist eher noch ein Bäumchen. Höchstens dreimal so hoch wie Lena.

„Das hier ist mein Baum. Das hier ist mein Baum", singt Lena hüpfend. „Mein Baum wird groß und sta-ark. Genauso wie i-ich."

„Willst du mal meinen Baum sehen?", fragt Caspar Maike.

„Hast du auch einen?", fragt Maike und wird glatt ein bisschen neidisch.

Caspars Baum steht weiter hinten im Garten und ist viel größer als der von Lena.

„Mein Baum ist Apfel und Lenas Kirsche", erzählt Caspar. „Meinen Baum hat Papa gepflanzt, als ich geboren wurde, und Lenas, als Lena geboren wurde. Wir müssen gut auf sie auf-

passen. Dann werden sie groß und stark. Genau wie wir."

„Aufpassen?", fragt Maike. „Laufen die etwa weg, oder was?"

„Ha, ha. Wenn es trocken ist, muss man Bäume gießen. Und auf die Rinde muss man erst aufpassen. Die darf nicht verletzt werden", erklärt Caspar. „Die Rinde ist die Haut vom Baum. Wenn die verletzt wird, können Krankheiten reinkommen."

„Dein Baum ist aber schon ganz schön groß", stellt Maike anerkennend fest. „Dem geht es so gut wie dir."

Caspar nickt stolz.

„Und der wird noch viel größer, das kannst du glauben."

„Ich will auch einen Baum haben, Papa!", ruft Maike ihrem Vater zu.

Aber dann fällt ihr ein, dass sie keinen Garten haben. Wo sollten sie einen Baum denn pflanzen?

Onkel Frank trägt einen Minibaum über den Rasen.

„Das ist Karlas Baum, stimmt's?", fragt Maike. „Der ist so dünn wie Karla und hat unten eine Windel."

Onkel Frank lacht und legt das Bäumchen neben die Spaten auf den Rasen. Seine Äste sind wirklich dünn wie Kinderarme und das schützende Netz um die Wurzeln sieht aus wie eine Windel. Eine ziemlich volle allerdings.

„Der Kleine muss fix in die Erde, damit er anwachsen kann", sagt Onkel Frank und schnappt sich einen Spaten, um Maikes Vater beim Ausheben des Pflanzloches zu helfen. Caspar und Maike holen die Kinderspaten und helfen kräftig mit. Caspars Vater erzählt ihnen, worauf sie beim Pflanzen alles achten müssen. Ein Pflanzloch für einen Baum darf nicht zu klein sein und seine Erde muss ordentlich mit Kompost vermischt werden. Kompost ist wichtige Nahrung für den Baum. Wenn der Baum nicht gut genährt wird, bleibt er klein und mickrig und wird schneller krank.

„Ich wusste gar nicht, dass ein Baum unterirdisch noch so weitergeht", wundert sich Maike.

„Eigentlich hat er über der Erde Zweige und unter der Erde auch. Lustig, was?"
Die Erwachsenen scheinen das nicht lustig zu finden. Sie sind mit ernster Miene bei der Sache. „Ein Baum ist wie das Leben", sagt Maikes Vater nachdenklich. „Jedes Jahr kommen neue Äste hinzu. Manche sind krumm und manche grade. Genau wie die Jahre des Menschen. Manche sind

fröhlich, manche traurig. Je nachdem, was alles passiert."

„Was für einen Baum kriegt Karla denn?", fragt Lena, die nun um den liegenden Karla-Baum hüpft. „Erdbeer oder Kirsche?"
„Karla kriegt einen Birnbaum", antwortet Lenas Vater. „Kirsche hast du ja schon."
„Und wenn Karla keine Birnen mag?", gibt Lena zu bedenken. In diesem Augenblick tritt Anne-Lotte mit Karla im Arm auf die Terrasse.
„Karla, du kriegst Birnen", kräht Lena. „Aber nicht sofort, weil du erst noch nuckeln musst."

„Ein Baum ist wie ein Baby", überlegt Maike laut. „Es dauert, bis er groß und stark ist. Und man darf ihn nicht umrennen, damit nichts abbricht. Dann hat er keine Arme mehr. Und wenn der Baum groß ist, kriegt er leckere Birnen."
„Was du dir immer so ausdenkst", wundert sich Caspar und legt seinen Spaten beiseite. „Als ob Menschen Birnen kriegen. So ein Quatsch."
„Du kriegst gleich eins vor die Birne, wenn du

mich weiter so ärgerst", ruft Maike und rennt hinter Caspar her, um ihm eins auszuwischen.

„Die Birnen sind alles, was Menschen lernen, und womit sie anderen eine Freude machen! Kuchen backen zum Beispiel!", ruft Tante Anne-Lotte den Streithähnen zu.

„Oder auf einem Bein hüpfen!", ruft Lena und fällt mit ihrem rosa Nachthemd genau in den Erdhaufen neben dem Pflanzloch.

Die Besitzerin des neuen Bäumchens, Karla, bekommt von der ganzen Aufregung nichts mit. Sie schläft in den Armen der Mutter und schmunzelt vor sich hin. Vielleicht träumt sie von einem Baumhaus. Oder von Birnenkuchen. Wer weiß?

Ein Berg ist kein Zwerg

Heute ist ein Familienausflug angesagt. Eine Wanderung, sorgfältig geplant von Maikes Eltern. Irgendeinen bekannten Berg wollen die Eltern besteigen mit einer bekannten Kapelle obendrauf. Maike hat überhaupt keine Lust auf eine Wanderung. Und auf eine Bergwanderung schon gar nicht. Wenn wenigstens Caspar mitkommen würde! Aber Caspar ist auf einen Geburtstag eingeladen und Lena ist noch zu klein für so eine große Tour.

Maikes Eltern sind mit dem Reiseproviant beschäftigt und Maike verkrümelt sich ins Kinderzimmer, um zu malen.
Als Erstes malt Maike einen hohen, steilen Berg. Schwer und fest steht der Berg auf dem weißen Papier.

Vor den Berg malt Maike drei winzige Menschen. Das sind ihre Eltern und sie. Unmöglich, auf so einen Berg zu kommen, findet Maike. Das brauchen wir erst gar nicht zu versuchen. Das ist viel zu anstrengend und

gefährlich noch dazu. Außerdem ist der Berg so steil, dass man auf der anderen Seite gleich wieder runterfällt. In ihrer Fantasie malt Maike sich aus, wie sie schreiend eine hohe Felswand hinabstürzt.

Das muss verhindert werden. Deshalb malt Maike ein Schild vor den Berg.

Vor das Schild malt Maike bunte Blumen, einen Fluss, Vögel und einen Eiswagen. Vier weitere Gründe, unten zu bleiben, findet Maike. Wenn das die Eltern nicht überzeugt!

Maike flitzt in die Küche, um ihr frisch gemaltes Kunstwerk zu präsentieren.

„Okay", sagt Maikes Vater. „Dein Berg sieht wirklich gefährlich aus und ist bestimmt schwer zu bezwingen. Aber zur Belohnung gibt es oben ein Gipfelkreuz und Fernrohre. Da kann man weit ins Land gucken und sieht Dinge, die man von unten nicht sieht. Wie ein Vogel im Himmel! Also, es lohnt sich. Und einen Eisverkäufer gibt's oben bestimmt auch."

Der Vater nimmt einen Kugelschreiber von der Pinwand, malt eine Aussichtsplattform, Fernrohre und einen Eisverkäufer auf Maikes Berggipfel und reicht Maike das Blatt zurück.

„Aber wenn man auf einen Berg will, muss man fit sein", gibt Maike zu bedenken. „Sonst macht man unterwegs schlapp. Und ich habe schon seit zwei Tagen Schnupfen."

Maike malt der Mini-Maike auf dem Bild eine feuerrote Nase.

„Das ist wahr, das mit dem Schnupfen", bestätigt Maikes Mutter mit Blick auf den Vater. „Maike hat wirklich Schnupfen."

„Hm", überlegt der Vater laut. „In diesem Fall müsste man die Wanderung vielleicht verschieben."

„Nö, müsst ihr nicht verschieben", sagt Maike schnell. „Ich kann ja hier bleiben und komme dafür nächstes Jahr mit. Da ist der Schnupfen bestimmt weg."

In diesem Moment kommt Caspar in die Küche gestürzt.

„Hey, ich kann doch mit zur Wanderung kommen!", ruft er gut gelaunt. „Philipp hat seinen Geburtstag verschoben. Ist wohl krank geworden."

Da sieht Caspar Maikes Bergbild auf dem Küchentisch.

„Echt super, so ein steiler Berg", schwärmt er los. „Da hochzukommen schafft längst nicht jeder. Aber wir schaffen das, was Maike?"

Maike stülpt ihre Unterlippe vor und schaut von Caspar zu ihren Eltern und von den Eltern zu Caspar zurück. Zwei Sekunden später bringen die Kinder drei Riesenstapel Butterbrote ins Auto. Die wollen sie gemütlich futtern, wenn sie angekommen sind, oben auf dem Berg.

Engel mit weißer Weste

Die Ferien gehen zu Ende. Maikes Eltern haben ihr Auto startklar gemacht, die Koffer verstaut und verabschieden sich von Anne-Lotte und Frank. Maike wischt mit dem Handrücken über ihre Augen. Lena und Caspar sollen ihre Tränen nicht sehen.

Die Kinder haben ihren Abschied solange es ging hinausgezögert. Haben beim Anziehen getrödelt, beim Frühstück, und sich im Garten versteckt. Aber es half alles nichts.

Lena und Caspar sehen zu, wie Maike auf ihren Kindersitz rutscht. Dann startet Maikes Mutter den Motor und alle winken. Und dann ist er geschafft, der Abschied.

Maike hält das eingewickelte Ding in den Händen, das Lena und Caspar ihr zum Abschied

geschenkt haben. Auspacken will Maike es erst zu Hause, in ihrem Zimmer. Dann bleibt es länger spannend.

„Ich glaube, Lena und Caspar haben mir einen Vogel geschenkt", sagt Maike. „Ich fühle schon den Flügel."

Die Mutter dreht sich neugierig zu Maike um.

„Pack den Vogel doch aus. Dann kannst du damit spielen."

Das Argument überzeugt Maike. Vorsichtig zieht sie das Papier ab.

„Es ist ein Engel!", ruft Maike. „Guckt mal, ein kleiner weißer Engel!"

Maike hält den Engel zwischen die Vordersitze, damit die Eltern ihn sehen können.

„Und ein Brief von Caspar ist auch noch drin!", ruft Maike begeistert.

Liebe Maike,

es war schön, dass du bei uns warst. Bald besuchen wir dich. Dann machen wir neue Abenteuer. Lena hat den Engel im Backladen gesehen. Sie wollte ihn unbedingt für dich haben. Da haben wir zusammengeschmissen. Lena sagt, der Engel ist ein guter

Schutzengel. Weil er so klein ist und überall hin-
passt. Auch ins Auto. Du darfst ihn nur nicht
runterwerfen. Dann geht er kaputt.

Caspar und Lena

Wie der Engel wohl in den Backladen kommt?,
wundert sich Maike. Gott schickt seine Engel
wohl überall hin. Zu tun gibt es auf der Erde ja
auch genug. Allein auf die vielen Kinder aufzu-
passen, ist eine Menge Arbeit. Maike stellt den
Schutzengel neben sich auf den Sitz.
„Jetzt kannst du Papa, Mama und mich beim
Autofahren beschützen", flüstert Maike dem
Engel zu.

„Pause!", ruft da Maikes Vater, als die Mutter den
Parkplatz einer Raststätte ansteuert. Damit der
Engel nicht allein im Auto bleiben muss, verstaut
Maike ihn in der Hosentasche.
Maikes Eltern verschwinden eilig Richtung Toi-
letten und Maike schlendert zur kleinen Kapelle,
die neben der Raststätte liegt. Ein Mann hockt
dort auf dem Boden und bemalt die Steinplatten.

Er hat weiße, zerzauste Haare und blitzgrüne Augen, die Maike gefallen.

„Rate mal, wer das sein soll?", fragt der Künstler mit Blick auf das Bild, das er gerade vollendet hat.

„Jesus?", rät Maike. Aber ganz sicher ist sie nicht.

„Jesus", bestätigt der Mann zufrieden. „Ein guter Freund von mir."

„Jetzt rate du, was ich in meiner Hosentasche habe", sagt Maike und zieht den Engel hervor.

„Das trifft sich ja gut", freut sich der Maler. „Gerade habe ich überlegt, was ich noch malen könnte. Ein Engel ist genau das Richtige. Zeig mal her."

Der Maler schaut sich den Engel genau an. Dann nimmt er ein Stück rotbraune Kreide und zeichnet los. Sein Engel ist mindestens zwanzigmal größer als Maikes, aber er sieht ihm immer noch ähnlich.

„Und was für Farben nehmen wir?", fragt der Maler Maike. „Oder sollen wir ihn weiß lassen? Eigentlich sind Engel ja weiß."

„Wir malen einen Engel, der sich verkleidet hat", schlägt Maike vor.

Der Maler nimmt ein leuchtendes Gelb aus der Kreidekiste und malt dem Engel einen Haufen gelber Locken. „Ein Engel ist ein Kind des Lichts und strahlt in der Dunkelheit", sagt er dabei feierlich.

Als Nächstes nimmt der Maler Weiß.

„Weiß wie deine Haare", bemerkt Maike.

„Na ja", grummelt der Maler. „Meine Haare könnten weißer sein. Die müssten mal wieder Wasser sehen. Aber Engel sind rein, auch ohne Wasser. Vor allem ihr Herz. Deshalb kriegt unser Engel eine weiße Weste."

Maike beobachtet, wie der Kreidestift eine weiße Weste zaubert.

„Jetzt bitte Rot", wünscht sich Maike. „Rot wie die Liebe. Wenn ein Engel nämlich Schutzengel werden will, muss er die Leute ja lieb haben. Wie soll das sonst gehen?"

Ruckzuck hat der Maler dem Engel einen roten Rock verpasst.

Maike schaut sich den Engel mit den gelben Haaren, der weißen Weste und dem roten Rock von allen Seiten an. Irgendetwas fehlt da noch. Maike kramt ein leuchtendes Violett aus dem Kasten.

„Violett?", fragt der Maler verdutzt. „Wirklich Violett?"

„Violett ist eine Himmelsfarbe", erklärt Maike selbstbewusst. Ein Sonnenuntergang hat Violett und ein Regenbogen auch. Und ein Regenbogen verbindet Himmel und Erde. Genau wie ein Engel."

Der Maler zieht dem Engel lila Schuhe an und einen lila Rucksack noch dazu.

„Jetzt brauchen wir Schwarz", beschließt Maike.
„Schwarz?", fragt der Maler entsetzt. „Wieso denn Schwarz? Was hat ein Engel mit Schwarz zu tun?"

„Das ist so", legt Maike los. „Ein Engel ist doch im Himmel zu Hause. Und wenn er auf der Erde Heimweh kriegt, dann wird er traurig. Nicht viel, aber ein bisschen doch. Und Schwarz ist eine traurige Farbe. Findest du nicht?"

„Ja, Schwarz ist eine traurige Farbe. Deshalb passt sie auch gar nicht zu einem Engel. Engel sind immer und immer mit dem Himmel verbunden. Wie der Wind. Die kennen kein Heimweh."

„Gut, dann eben nicht", gibt Maike klein bei. „Dann ist der Engel eben fertig."

„Du bist aber prima getroffen!", erklingt da die Stimme von Maikes Mutter. Maike dreht sich erschrocken um. Beladen mit Pommes und Würstchen stehen ihre Eltern da.

„Finde ich auch", bestätigt Maikes Vater kauend. „Gut getroffen. Wirklich."

„Aber das ist doch ein Engel!", protestiert Maike. „Das bin nicht ich!"

„Sag ich doch. Oder bist du etwa nicht unser Engel", scherzt der Vater und drückt Maike einen Majonäsekuss auf die Wange.

Der Maler schmunzelt. Und als die Eltern auch ihn zu Pommes und Würstchen einladen, wird aus dem Schmunzeln ein fröhliches Lachen.

Bunt wie die Malkreiden in seinem Kasten.

Friedensbote
mit Flügeln

Am späten Nachmittag kommen Maike und ihre Eltern endlich zu Hause an. Als der Vater den Wagen am Straßenrand einparkt, saust ein gelbes Fahrrad auf der anderen Seite über den Fußgängerweg.

„Da ist ja Silvie!", ruft Maike. „Silvie, ich bin wieder da!"

Silvie sitzt in der Schule neben Maike und auch sonst sind die beiden dicke Freundinnen. Maike weiß gar nicht, was sie Silvie zuerst erzählen soll, so viel hat sie in den Ferien erlebt.

„Hast du schon das Rätsel gelöst?", fragt Silvie, als sie in Maikes Kinderzimmer gehen.

„Was für ein Rätsel?", fragt Maike.

„Das vom Ferienzettel. Was wir in den Ferien rauskriegen sollten."

Den Ferienzettel von der Schule hat Maike längst
verbummelt und an ein Rätsel kann sie sich nicht
mehr erinnern.

„Hast du das Rätsel denn rausgekriegt, Silvie?",
fragt Maike verlegen.

Silvie nickt.

„Kannst du es mir nicht sagen?"
Silvie schüttelt den Kopf.
„Pass auf. Ist gar nicht schwer:

Es ist weiß wie Schnee,
tut keinem Lebewesen weh,
flog von der Arche an Land,
ist als Friedensbote bekannt."

„Hm", überlegt Maike. „Ein Engel vielleicht?"
„Leider nein. Ist aber gar nicht so falsch."
Da fällt Maike ein, dass sie den kleinen Engel von Caspar und Lena unter dem Geschenkpapier zuerst für einen Vogel gehalten hatte. Aber ein Vogel, der keinem wehtut? Immerhin gibt es auch Raubvögel. Und die fressen Mäuse und Kaninchen.
„Flog von der Arche an Land", überlegt Maike laut. „Da muss die Arche Noah gemeint sein. Ein Engel war da wirklich nicht dabei. Nur Noah, ein paar Verwandte und ganz viele Tiere."

„Da war doch ein Tier, das mit einem Ölzweig zurückkam", gibt Silvie Maike einen Tipp. „Als

Zeichen dafür, dass die Flut zurückging und es schon wieder Land gab."

„Jetzt weiß ich! Es ist eine Taube!", ruft Maike.

„Eine Friedenstaube. Sie ist weiß wie Schnee, tut keinem weh, fliegt von der Arche an Land und ist als Friedensbote bekannt."

Die Mädchen klatschen die Hände zusammen. Jetzt kann morgen in der Schule nichts mehr schief gehen.

Koenig, Christina:
Sonne, Fisch und Regenbogen
ISBN 3 522 30050 5

Einband- und Innenillustrationen: Sabine Kranz
Einbandtypografie: Michael Kimmerle
Texttypografie: Marlis Killermann
Schrift: Meridien und Coop Condensed
Lektorat: Katharina Ebinger
Fachliche Beratung: Thomas Ebinger
Satz: KCS GmbH, Buchholz/Hamburg
Reproduktion: Medienfabrik, Möglingen
Druck und Bindung: Friedrich Pustet, Regensburg
© 2004 by Gabriel Verlag
(Thienemann Verlag GmbH),
Stuttgart/Wien
Printed in Germany. Alle Rechte vorbehalten.
5 4 3 2 1* 04 05 06 07

Gabriel im Internet: www.gabriel-verlag.de